Todos los libros de Linkgua Ediciones cuentan con modelos de Inteligencia Artificial entrenados por hispanistas. Pregúntale al chat de tu libro lo que desees acerca de la obra o su autor/a.

Para ebooks: Accede a nuestro modelo de IA a través de este enlace.

Para libros impresos: Escanea el código QR de la portada con tu dispositivo móvil.

Obtén análisis detallados de nuestros libros, resúmenes, respuestas a tus preguntas y accede a nuestras ediciones críticas generativas para una experiencia de lectura más enriquecedora.
La transparencia y el respeto hacia la autoría de las fuentes utilizadas son distintivos básicos de nuestro proyecto. Por ello, las respuestas ofrecen, mediante un sistema de citas, las fuentes con las que han sido elaboradas.

Diego Hurtado de Mendoza

Poemas

Edición de Ramón García González

Barcelona 2024
Linkgua-ediciones.com

Créditos

Título original: Poemas.

© 2024, Red ediciones S.L.

e-mail: info@red-ediciones.com

Diseño de cubierta: Michel Mallard.

ISBN rústica: 978-84-9816-477-0.
ISBN ebook: 978-84-9897-655-7.

Cualquier forma de reproducción, distribución, comunicación pública o transformación de esta obra solo puede ser realizada con la autorización de sus titulares, salvo excepción prevista por la ley. Diríjase a CEDRO (Centro Español de Derechos Reprográficos, www.cedro.org) si necesita fotocopiar, escanear o hacer copias digitales de algún fragmento de esta obra.

Sumario

Créditos — 4

Brevísima presentación — 7
    La vida — 7

Sonetos — 9
    1 — 11
    2 — 11
    3 — 12
    4 — 12
    5 — 13

A María de Peña — 15

Canciones en redondillas — 27
    1 — 27
    2 — 28

Canción en redondillas y quintillas — 29

Canción y carta — 33

Canciones — 39
    1 — 41
    2 — 44
    3 — 47
    4 — 48
    5 — 49

Libros a la carta — 53

Brevísima presentación

La vida
Diego Hurtado de Mendoza (1503-1575). España.
Tras muchos viajes, una vida larga y fructífera, murió en Madrid, su ciudad natal. Como otros nobles de su tiempo, don Hurtado de Mendoza fue un verdadero hombre renacentista. Sabía griego, latín, árabe e italiano. Fue diplomático, militar y, sobre todo, poeta.

Entre sus antepasados se cuentan al marqués de Santillana y don Íñigo López de Mendoza. Entre sus virtudes, sobresalen su excepcional don de gentes, su arte de la conversación, su carácter franco y abierto y su destreza en las armas.

Tuvo una carrera brillante como diplomático. Fue embajador en Italia y asistió al famoso Concilio de Trento. También fue gobernador en Siena. Diego Hurtado de Mendoza es considerado un gran poeta, lleno de emoción y sencillez, pero grandilocuente en su dominio de la forma.

Sonetos

1
Días cansados, duras noches tristes,
crudos momentos en mi mal gastados,
el tiempo que pensé veros mudados
en años de pesar os me volvistes.

En mí faltó la orden de los hados;
en vos también faltó, pues tales fuistes,
que podréis en el tiempo que vivistes
contar largas edades de cuidados.

Largas son de sufrir cuanto a su dueño
y cortas si me hubiese de quejar,
mas en mí este remedio no ha lugar,

que la razón me huye como sueño
y no hay punto, señora, tan pequeño,
que no se os haga un año al escuchar.

2
Como el triste que a muerte es condenado
gran tiempo ha y lo sabe y se consuela,
que el uso de vivir siempre en penado
le trae a que no sienta ni se duela,

si le hacen creer que es perdonado
y morir cuando menos se recela,
la congoja y dolor siente doblado,
y más el sobresalto lo desvela;

ansí yo, que en miserias hice callo,

si alguna breve gloria me fue dada,
presto me vi sin ella y olvidado.

Amor lo dio y Amor pudo quitallo,
la vida congojosa toda es nada,
y ríese la muerte del cuidado.

3

Vuelve el cielo, y el tiempo huye y calla,
y callando despierta tu tardanza;
crece el deseo y mengua la esperanza
tanto más cuanto más lejos te halla.

Mi alma es hecha campo de batalla,
combaten el recelo y confianza;
asegura la fe toda mudanza,
aunque sospechas andan por trocalla.

Yo sufro y callo y dígote: «Señora,
¿cuándo será aquel día que estaré
libre de esta contienda en tu presencia?».

Respóndeme tu saña matadora:
«Juzga lo que ha de ser por lo que fue,
que menos son tus males en ausencia.»

4

En la fuente más clara y apartada
del monte al casto coro consagrado,
vi entre las nueve hermanas asentada

una hermosa ninfa al diestro lado.

Estaba sin cabello, coronada
de verde yedra y arrayán mezclado,
en traje extraño y lengua desusada
dando y quitando leyes a su grado.

Vi cómo sobre todas parecía,
que no fue poco ver hombre mortal
inmortal hermosura y voz divina,

y conocíla ser doña Marina,
la que el cielo dio al mundo por señal
de la parte mejor que en sí tenía.

5

Gasto en males la vida y amor crece,
en males crece amor y allí se cría;
esfuerza el alma y a hacer se ofrece
de sus penas costumbre y compañía.

No me espanto de vida que padece
tan brava servidumbre y que porfía,
mas espántome cómo no enloquece
con el bien que ve en otros cada día.

En dura ley, en conocido engaño,
huelga el triste, señora, de vivir,
¡y tú que le persigas la paciencia!

¡Oh cruda tema! ¡Oh áspera sentencia,

que por fuerza me muestren a sufrir
los placeres ajenos y mi daño!

A María de Peña

Tómame en esta tierra una dolencia
que en Cataluña llaman melarquía,
la cual me acaba el seso y la paciencia.

Y como no me deja noche y día,
menos me da lugar para hablarme,
señora Peña, con vuestra señoría.

Pero, como podéis sola mandarme,
dándoos caso tan justo y tan sabido,
hacedme esta merced de perdonarme;

que a cabo de cuatro años de partido
os demando perdón, si se perdona
escribiros tan corto y desabrido;

por que, como descrece Barcelona
y huye aquella playa gloriosa,
ansí va enflaqueciendo la persona.

Comiénzase la vida trabajosa
con el mar, con el viento y la galera,
triste, turbada, malenconiosa.

Con sola esta disculpa que yo diera,
hallándome tan mal como me hallo,
bastaba a ser creído de cualquiera.

Mas a vos, de quien fui siempre vasallo,

y nunca de criada de otra dama,
me conviene dar cuenta por qué callo.

Para decir verdad, esta vuestra ama
tiene tan olvidados sus amigos,
que está mejor aquél que menos la ama.

No es menester buscar largos testigos,
mostrándose el descuido de su mano
que la hace cobrar mil enemigos.

¿Qué le cuesta escribir a un veneciano
una letra, un borrón, una cruceta,
y tratarme después como a villano?

El ganar los amigos a estafeta
y perderlos a soplos no es camino
de quien por cabo quiere ser perfeta.

Al señor que tenemos por divino
que da y quita a su modo la ventura
demandaré venganza de contino.

No que pierda la flor de hermosura,
que esto será excusado tan aína
y perdería lo que ella menos cura;

querría que le diese una mohína
creyendo que algún día ha de nacer
en este mundo otra doña Marina;

y que ella misma viese en él crecer,

en gracia y en valor y en discreción,
alguna que le pueda parecer.

Aconsejalde que mude de opinión,
ansí os veáis con Torres desposada,
porque el pueblo es de mala condición.

No sea tan bizarra y confiada,
que no es siempre seguro el caminar
por encima del filo de la espada.

Y para que podáis determinar
si os doy tan buen consejo como suelo,
quiero con vos un poco razonar.

Cuando nos crió Dios en este suelo,
se trabó una quistión tan furiosa
que puso en armas casi todo el cielo:

si debía de ser Eva hermosa
o fea, y aquel día en solo el gesto
se habló, sin travesarse de otra cosa.

Cargaron tantos votos en el puesto
de los que la querían para fea,
que fue forzoso resolverse en esto:

la que saliere fea, que lo sea,
y que siga y de nadie sea seguida
hasta que de remedio se provea;

la que fuere hermosa conocida,

que le dure esta flor por accidente
parte de un solo tercio de la vida.

No por que el feo sea inconveniente,
mas désele esta gracia en vez de sal
como para apetito de la gente;

antes digo que es cosa natural
por ser principio y fin de la edad,
y lo hermoso es forzado y desigual.

¿Qué reino, qué provincia, qué ciudad
en la vida del mundo fue asolada?
¿Qué mujer se ahorcó por fealdad?

¿Trae flaca o amarilla o espantada,
por ventura, la gente deseando
loca, celosa y desasosegada,

por medio de la calle sospirando,
o confiada o arrepentida luego,
o fuera de propósito cantando?

La fealdad no teme el niño ciego,
ni hace ni recibe aquella guerra
que solemos decir a sangre y fuego.

De todos va segura por la tierra,
no la quiere ninguno mal ni bien,
ni mira cuándo acierta o cuándo yerra.

De ninguna ocasión toma desdén,

llama fuera de humo ni altereza;
si os place bien está, si no también.

Con galas disimula su bruteza
y huelga de mostrarse en todo humana
encubriendo la falta con destreza.

Conviene que a la noche o la mañana
le dé la hermosura la obediencia,
o a lo menos una vez en la semana.

El ánimo y constancia, elocuencia
y otras virtudes mil a esta señora
suelen acompañar con la prudencia.

Siempre está en una forma duradora,
a lo claro, a lo oscuro, día y tarde,
y no se va mudando de hora en hora.

Ningún hombre la mira que se guarde,
claridad que recibe y no da pena
y que, sin encender, se enciende y arde.

A la comida, fea, y a la cena,
al dormir, al soñar y al despertarse,
fea en Luna menguante y Luna llena.

Gran cosa es que no pueda curarse
la dolencia y siniestros en que queda
la hermosura cuando va a acabarse:

gestos, meneos, vueltas como en rueda,

el descontentamiento en el espejo,
animal que a ninguna deja leda.

Como si en nuestra tierra el mozo, el viejo
fuesen tan solamente diferentes
en la edad, en el pelo o el pellejo.

La hermosura no tiene parientes,
ni Dios, ni ley, ni rey, ni tierra o casa,
ni vecinos ni amigos bien hacientes.

Quémaos el corazón como una brasa
con ojo o con palabra o con meneo,
y trompícaos si os toma a silla rasa.

Absoluta tirana del deseo,
¡cuánta esperanza enhila o desbarata
con un «tienes razón» o «no te creo»!

Hácese mortecina como gata,
después saca una furia del diablo
que a cada paso os corre la zapata.

Estad, señora Peña, en lo que hablo
y en ser fea también, pues es posible
sin espantaros nada del vocablo.

Mirad que es ser hermosa aborrecible
y, si a mí me dejasen a mi modo,
antes escogeré ser invisible.

He querido deciros esto todo

porque podáis vuestra ama aconsejar
que no nos ponga a todos tan del lodo.

Mire que el verdegay se ha de acabar,
dado que ella lo estime harto poco
pues tiene lo que siempre ha de durar.

La negra dama, fea como un coco,
siendo como ella es discreta y diestra,
piensa tornar el mundo medio loco;

y ella, tan estimada como muestra
de saber, de virtud, de valor y gloria,
¡que cierre a sus amigos la finiestra!

Aún vea yo borrada su memoria
del libro de la gente, y en sus ojos
volar a mano ajena la vitoria;

los trofeos cogidos a manojos
por otro nuevo nombre levantados,
y en carro extraño puestos sus despojos.

No sea en penitencia de pecados
ni en venganza que alguno le desea,
sino en pena de amigos olvidados.

¿Cómo queréis, señora, que la crea
quien viere su memoria vacilando
y no tener amigo que no vea?

Mas pienso que irá siempre mejorando

y que pondrá el cuidado todo entero
en ganar los ausentes de su bando.

En esta cuenta yo seré el primero,
pues que siempre lo fui, y de su bondad
tratado como amigo verdadero.

Entonces, puesta aparte la humildad,
levantaré una voz que durará
por el tiempo de la inmortalidad.

Sus loores el Ebro llevará
con las bermejas ondas en oriente,
donde el primero Sol las oirá;

y por el rubio Tajo al occidente
oirá el postrero Sol llevar su nombre
en lenguas y memorias de la gente.

Ella tendrá la fama y el renombre,
yo estaré de lo hecho tan ufano,
que me parecerá ser más que hombre.

Y donde Guadiana, manso y llano,
con espaciosas vueltas se desvía,
pareciendo ora tarde ora temprano,

a la orilla del agua clara y fría,
de mármol alzaré un soberbio templo
en la extendida y verde pradería.

En medio estará ella, a quien contemplo

tan hermosa, tan grave y adornada
como quien es nacida para ejemplo.

Yo, primer vencedor de esta jornada
visto en púrpura clara de levante
en aquella llanura despachada,

revolveré cien carros por delante,
con cada cuatro blancos corredores
que vencerán el viento, aunque pujante.

Cantando entre la yerba, entre flores,
mil voces a su nombre llamarán
y responderá el cielo a sus loores.

Las Españas al Tajo dejarán
con los bosques del gran Guadalquivir,
y en dorados arneses se verán

unos con duras lanzas embestir
esparciendo en el aire las astillas,
y con limpias espadas combatir;

otros, en vestes blancas y sencillas
mezcladas de color vario y vistoso,
harán por aquel prado maravillas.

Después yo, todo vanaglorioso,
con guirnaldas de oliva coronado,
en veste roja y hábito pomposo,

visitaré su templo consagrado

sacrificando humanos corazones
y deseos mezclados con cuidado,

voluntarias cadenas y prisiones,
con muchos que merced le irán pidiendo,
rendidos sus despojos y pendones.

En blancas piedras se verán viviendo
los reyes, sus abuelos, entallados,
cuyos nombres la fama va extendiendo.

La triste envidia, los contrarios hados,
el rencor de las furias maliciosas
caerán en el infierno desterrados.

Mas porque al comenzar tan altas cosas
el seso y la razón no se desmande,
tú me ayuda, pues puedes, ves y osas.

Sin ti no puede haber principio grande,
y ansí, doña Marina, callaré
hasta que tu grandeza me lo mande.

A vos, señora Peña, bajaré,
que hablar con vuestra ama no se puede
sin tocar en misterios de la fe.

Si lo que yo os escribo ella concede,
llevarános tras sí con media seña
y hará de nosotros cuanto puede.

Importunalda bien, señora Peña,

que yo sé cuánto vos podéis con ella;
ansí pueda ver yo tan buena dueña
como agora a mis ojos sois doncella.

Canciones en redondillas

1

Pues que tanta priesa os dais
y yo tan poco me quejo,
pesares, libres os dejo;
quiero ver si me acabáis.

En tan peligroso trago,
aunque yo no lo procure,
¿no habrá un bien que me asegure
de este daño que me hago?

No, que no quieren valerme
mis cuidados como hermanos,
sino darme de las manos
cuando pueden ofenderme.

Siempre ofenderme desean,
y yo con ellos me junto
cada y cuando que barrunto
cosas que contra mí sean.

Remedio yo no lo pido,
consejo no lo recibo,
que a mí mismo, porque vivo,
me tengo ya aborrecido.

2

Cuidados, que me traéis
tan vencido al retortero,
acabad, que acabar quiero
porque vos os acabéis.

El ave que el pecho hiere
y tanto a sus hijos ama
con la sangre que derrama
les da vida, aunque ella muere.

Los pesares me maltratan,
dentro en el alma los tengo
y con ella los mantengo,
y ellos consigo me matan.

No es cuidado el que me manda
ni quien me hace la guerra,
mas pesar que me destierra
y placer que en otros anda.

Siempre doblada la pena,
siempre muerte ante los ojos,
por mis pesares y enojos
y por la holganza ajena.

Canción en redondillas y quintillas

Desdichas, si me acabáis,
¡cuán buena dicha sería!
Si haréis, si no os cansáis
por mayor desdicha mía.

Poco os queda por hacer,
según lo que tenéis hecho,
en que os podáis detener
en un hombre tan deshecho
y tan hecho a padecer.

La costumbre dicen que es
muy gran remedio a los males;
yo digo que es al revés,
que los hace más mortales.

Ved a lo que me han traído
la costumbre y sufrimiento,
que de puro ser sufrido
vengo a decir lo que siento
cuando estoy ya sin sentido.

Los que vieren que porfío
a quejarme de mi suerte
pensarán que desvarío
con la rabia de la muerte.

Mas, con todo, bien verán
que no es tiempo de mentir;

gran agravio me harán
viéndome para morir
los que no me creerán.

Todo lo tengo probado,
hasta el bien me hace mal;
el no me hallar confiado
era mi peor señal.

Temblaba el alma en los pechos
en ver sombras de alegría;
bienes eran contrahechos,
que siempre el placer venía
víspera de mil despechos.

Si acaso estaba contento,
que pocas veces sería,
venía un remordimiento
que el alma me deshacía.

Profecías eran éstas
del mal en que hora me veo;
mil cosas llevaba a cuestas,
que las llevaba el deseo
sobre mi cabeza puestas.

Y aun me parecían a mí
tan ligeras de llevar,
que nunca tanto sentí
como habellas de dejar.

Esto, ya que era pasado,

si el dejallo me dio pena,
júzguelo quien lo ha probado;
si alguna hora tuve buena,
¡cuán cara que me ha costado!

Canción y carta

Pesares, si me acabáis
tendréis en mí buen testigo,
que os acogí como amigo
y como a tal me tratáis.

La que me manda y consiente
contar mis males en suma
dará licencia a la pluma
que mis ternezas le cuente.

Las lágrimas y suspiros
son armas de esta contienda,
donde la ofensa y la enmienda
para, señora, en serviros.

Vime libre de afición,
véome cautivo ahora,
y el alma, que era señora,
puesta en mayor sujeción.

¿Quién se alabará que tiene
contra amor vida segura,
si donde más se asegura
mayor peligro le viene?

Al principio de mis penas
teníalas por suaves;
sin saber que eran tan graves,
burlaba de las ajenas.

Decía en mi puridad:
«Prueben todos lo que pruebo;
esto que siento de nuevo
¿es amor o es amistad?»

Donde no paraba mientes
comencé a tener recato,
a mirar de rato en rato
y guardarme de las gentes.

Por no caer en la red,
de vos misma me guardaba.
¡Mirad cuán poco pensaba
en demandaros merced!

De turbado y encogido
vine a confesar negando
lo que agora estoy llorando
porque verdad ha salido.

De aquí ha subido haciendo
amor en mí tantas pruebas,
que de encubiertas y nuevas
las sufro y no las entiendo.

Parece imaginación
que tenga puesta yo mismo
la humildad en el abismo
y en el cielo la afición.

Para tanta hermosura

pequeña pena es la mía,
y muy alta fantasía
para tan baja ventura.

De la vida no me acuerdo,
de la muerte curo poco,
que si pequé como loco
yo pagaré como cuerdo.

Quien aborrece la vida
no muere de sobresalto,
pero subiendo más alto
puede dar mayor caída.

Si quisiese arrepentirme,
hallaré que es imposible
que mi pena sea movible
siendo la causa tan firme.

No sabré mudar, ni puedo,
esta vida que me queda;
vuelva Fortuna la rueda,
que yo siempre estaré quedo.

¡Oh quién pudiese, pues muero,
hablar con mi matadora!
Quizá le diría en un hora
lo que en mil años no espero.

Pero ¿de qué me aprovecha
descubrille mi fatiga?
Que, si encubre como amiga,

como enemiga sospecha?

Mucho deja a la Fortuna
el que se resuelve presto
donde el daño es manifiesto
y la ganancia ninguna.

De esta manera padezco
que en más tengo no enojaros,
aunque pudiese hablaros,
que cuanto espero y merezco.

Quien por vos perdiere el seso
no ha de ser de confianza,
que tan pequeña balanza
mal sufrirá tan gran peso.

Mas piérdase imaginando
cómo mi deseo puse
donde no hay razón que excuse
sino la muerte, y callando.

No teniendo en mi poder
seso, libertad ni vida,
trato de cosa perdida
como cosa por perder.

Cuanto el seso desatina
pago yo como cobarde,
porque le perdí tan tarde
conociéndoos tan aína.

Suspenso, turbado y ciego,
triste, importuno, quejoso,
cuando esperaba reposo
me vino desasosiego.

Prueba amor por tantos modos
afligirme y trabajarme,
que será bueno guardarme
de vos y de mí y de todos.

Todo me parece nada
cuanto propongo y resuelvo;
a mis cuidados me vuelvo,
pues es suya la jornada.

En el centro de mi alma
los pesares me acompañan,
mas por mucho que me dañan
tengo la vida en su palma.

Entre las gentes se entiende
que anda un animal tan ciego,
que dentro del mismo fuego
en que se cría se enciende.

Es amor fuego en que ardo,
cuidado es el que lo atiza,
y pesar torna en ceniza
cuanto yo en mi pecho guardo.

Canciones

1

¿Cómo cantaré yo en tierra extraña
cantar que darme pueda algún consuelo?
¿Qué me aconseja amor en esta ausencia?
Mi mal es fuerza, tu voluntad maña;
a la seguridad vence el recelo,
la desesperación a la paciencia.

Si pienso que me veo en tu presencia,
mi pensamiento está tan abatido,
que siempre finge cosas de pesar:
tu soberbia, tu saña, tu desvío,
que en la ocasión me falta el albedrío,
pues cuando quiero no puedo hablar,
que pierdo la razón, mas no el sentido.

En tu presencia estoy y estó en tu olvido,
olvido en que jamás habrá mudanza,
y acuérdaste de mí para dañarme;
no te acuerdas de mí, mas es costumbre
ser en esto cruel tu mansedumbre,
y yo de, diligente, condenarme
en tu descuido y mi desconfianza.

Amor, amor, que quitas la esperanza
y en su lugar das vana fantasía,
¿qué bien tiene el morir si no lo siente
quien es la causadora de este daño?
No quiero que deshagas el engaño;
quiero que sea razón y no acidente
lo que pueda vencer a tu porfía.

Si yo, señora, viese que algún día
volvías tus dos soles a mirarme
por voluntad y no por ocasión,
pensaría que estaba en tu memoria.
Mas ¿cómo bastaré a sufrir tal gloria
que un punto de ella es más que mi pasión?
Con tanto bien no puedo remediarme.

Del pensamiento querría yo ayudarme
si él me obedeciese a mi contento,
mas no para pensar cosa liviana
o que sabida pueda darte enojos;
pensaré como muero ante tus ojos,
que procede mi pena de tu gana,
que das alguna causa a mi tormento.

La vida pasaría en este cuento
con esperar de alguna buena suerte,
mas ¡ay de mí! que no puede venir
ni cabe en mi jüicio tal locura.
De mi cuidado hago sepoltura,
y en soledad y tristeza mi vivir,
no vida, sino sombra de la muerte.

¡Oh señora, si yo pudiese verte
o quisieses saber tú cuál estoy,
harto alivio sería para mí
en tan extraño mal como padezco!
Las noches y los días aborrezco:
maldígome en la noche porque fui
y, cuando viene el día, porque soy.

También maldigo el lugar a donde voy,
y el tiempo porque pasa y no te veo,
a la hora que te vi y a la sazón,
que siempre la procuro y no la hallo.
Si hablo me maldigo y, cuando callo,
la voluntad maldigo y mi razón,
y tu aborrecimiento y mi deseo.

Cuantos males sospecho, tantos creo,
y juzgo lo que ha de ser por lo que fue,
revolviendo mis quejas de contino
por ver si tienen medio o lo han tenido;
mas, como ni lo espero ni lo pido,
como ciego que va por el camino
no veo dónde voy ni dónde iré.

Muéveme el deseo y ciégame la fe;
muchas veces querría disimular,
pero descubro más disimulando;
liviano es el cuidado que decirse
puede, y el que no puede sufrirse
él mismo se descubrirá callando,
que no presta ser mudo ni hablar.

Ni reposo con dormir ni con velar:
velando pienso en lo peor que puedo,
paso cosas que no quiero creer;
durmiendo sueño aquello que he pensado;
como el hombre que duerme de cansado,
sueño que caigo y no puedo caer
y en lo más alto estoy con aquel miedo.

Muero cuando me mudo y, si estoy quedo,
busco piedad y caigo en la sospecha;
y no hay de qué tener este cuidado,
que todos son contigo lo que soy;
mas ellos, si no van por donde voy,
podría ser hallarse en buen estado,
pues lo que a uno daña a otro aprovecha.

Llamo la muerte como cosa hecha,
y viene, mas no llega a su lugar,
que no consiente amor ni lleva medio
en tanta soledad morir por ruego;
fuerza querría que fuese, y fuese luego,
que el mayor bien es el postrer remedio
en mal que no se puede remediar.

2

El bombodombón,
la bombodombera,
¡quién fuera lanzón!
¡quién lanceta fuera!

Quien lo que quiere no puede,
no quiere lo que podría,
ni se canse, ni se quede,
mas eche por otra vía;
no mude la fantasía
el que muda la manera,
¡quién lanceta fuera!

Procurar empresa vana

es de muy gran majadero.
Yo deseo ser barbero
porque hiere y porque sana
y aun es cosa muy humana,
señora, en esta ocasión,
¡quién fuera lanzón!

Nunca vaya por rodeo
quien desea lo imposible;
procure ser invisible
que es más dulce devaneo;
mas en la ocasión que veo
de entrar en la sangradera
¡quién lanceta fuera!

Aún te vea yo sangrada
y traída al retortero,
pues a tanto caballero
traes la sangre quemada.
¡Oh pena bien empleada
y mejor el que la diera!
La bombodombera.

Sangría sin ocasión,
si es con arrebatamiento,
da muy grande alteración
y poco contentamiento.
Si te sangrares de asiento,
yo barbero y tú barbera,
la bombodombera.

Saca la sangre, traidora,

con que tanto mal hiciste
desde el punto que quisiste
mostrarte mi matadora;
tú animosa, tú señora,
yo siervo sin corazón,
el bombodombón.

Salga la sangre que pudo
tu hermosura alterar
y al mezquino tartamudo
que te comenzó a hablar
acabó con sospirar
la palabra y la ocasión,
el bombodombón.

Quien da general tormento
sángrenla de la elección,
por nuestro quebrantamiento
y su mala condición;

no se pase la ocasión
antes de la primavera,
¡quién lanceta fuera!

En sangría de verdad
con que la salud se cobra
hay tanta necesidad
de instrumento como de obra;
si aprovecha lo que sobra
en semejante razón,
¡quién fuera lanzón!,
y si lanzón no pudiera,

¡quién lanceta fuera!

                    3
Pastora, si mal me quieres
y deseas apartarme,
bien lo muestras con mirarme.

Contigo tienes testigos,
señora, de estos antojos,
que el corazón y los ojos
nunca fueron enemigos.
Huyan de ti tus amigos
y tú huye de mirarme,
que yo no puedo apartarme.

Nadie ponga el afición
en voluntad ocupada,
que al cabo de la jornada
para en desesperación.
Yo busco mi perdición
y tú quieres ayudarme,
pastora, con mal mirarme.

Doblada lleva la queja
el pastor que por ti muere,
si quieres a quien te deja
y dejas a quien te quiere.
Vaya amor adonde fuere
que, aunque quieras apartarme,
no podrás con no mirarme.

4

Va y viene mi pensamiento
como el mar seguro y manso;
¿cuándo tendrá algún descanso
tan continuo movimiento?

Glosa Parte el pensamiento mío
cargado de mil dolores,
y vuélveme con mayores
de la parte do lo envío.

Aunque de esto en la memoria
se engendra tanto contento,
que con tan dulce tormento
cargado de pena y gloria
va y viene mi pensamiento.

Como el mar muy sosegado
se regala con la calma,
así se regala el alma
con tan dichoso cuidado.

Mas allí mudanza alguna
no puede haber, pues descanso
con el mal que me importuna
que no es sujeto a fortuna
como el mar seguro y manso.

Si el cielo se muestra airado,
la mar luego se embravece

y, mientras el mar más crece,
está más firme en su estado.

Ni a mí me cansa el penar
ni yo con el mal me canso;
si algo me podrá cansar
es venir a imaginar
cuándo tendrá algún descanso.

Que, aunque en el más firme amor
mil mudanzas puede haber,
como es de pena a placer
y de descanso a dolor,

solo en mí está reservado
en tu fijo y firme asiento
que, sin poder ser mudado,
está quedo y sosegado
tan continuo movimiento.

5

Olvida, Bras, a Costanza,
líbrate de su cadena,
no fíes en esperanza,
que no hay esperanza buena.

Poquito entiendes de amores,
Bras, y muy mucho porfías.
¿Tras esta engañapastores
pierdes el seso y los días?

Tú fías en su mudanza
y ella misma te condena
pues un punto de esperanza
te cuesta un siglo de pena.

Estando libre y serena
desasosiegas la vida,
como una causa primera
que mueve sin ser movida.

Triste el que busca mudanza,
que a sí mismo se condena,
si confía en esperanza
de quien nunca la dio buena.

Si se te ofrece, carillo,
alguna buena ocasión,
ésta la torna cuchillo
para tu condenación.

En la fragua de esperanza
forja una larga cadena
de eslabones de mudanza
y duro hierro de pena.

El corazón que te ofrece
ausente, venido el hecho,
ella lo arranca del pecho
y da a cuantos le parece.

No esperes, Bras, de Costanza
obra ni palabra buena,

que a dedos da la esperanza
y el tormento a mano llena.

Si ha de ser de bien y cierta
el esperanza chapada,
Bras, la tuya es cosa muerta,
que la fundas sobre nada.

No hay tan ligera mudanza
que no te parezca buena;
mal conoces a Costanza,
poco sabes de esta pena.

Esta tu esperanza, amigo,
de miedo tiene una parte,
pues que trae pena consigo
de que no puedes guardarte.

Quien pone su confianza,
Bras, en voluntad ajena,
ni en pena espere mudanza,
ni tema en mudanza pena.

Pastora, tu hermosura,
tu gracia, habla y semblante
promete buena ventura
al que no mira adelante.

Y al que con buena esperanza
se pusiese en tu cadena,
cuchillos de confianza
son y ministros de pena.

Libros a la carta

A la carta es un servicio especializado para
empresas,
librerías,
bibliotecas,
editoriales
y centros de enseñanza;
y permite confeccionar libros que, por su formato y concepción, sirven a los propósitos más específicos de estas instituciones.

Las empresas nos encargan ediciones personalizadas para marketing editorial o para regalos institucionales. Y los interesados solicitan, a título personal, ediciones antiguas, o no disponibles en el mercado; y las acompañan con notas y comentarios críticos.

Las ediciones tienen como apoyo un libro de estilo con todo tipo de referencias sobre los criterios de tratamiento tipográfico aplicados a nuestros libros que puede ser consultado en Linkgua-ediciones.com.

Linkgua edita por encargo diferentes versiones de una misma obra con distintos tratamientos ortotipográficos (actualizaciones de carácter divulgativo de un clásico, o versiones estrictamente fieles a la edición original de referencia).

Este servicio de ediciones a la carta le permitirá, si usted se dedica a la enseñanza, tener una forma de hacer pública su interpretación de un texto y, sobre una versión digitalizada «base», usted podrá introducir interpretaciones del texto fuente. Es un tópico que los profesores denuncien en clase los desmanes de una edición, o vayan comentando errores de interpretación de un texto y esta es una solución útil a esa necesidad del mundo académico.

Asimismo publicamos de manera sistemática, en un mismo catálogo, tesis doctorales y actas de congresos académicos, que son distribuidas a través de nuestra Web.

El servicio de «libros a la carta» funciona de dos formas.

1. Tenemos un fondo de libros digitalizados que usted puede personalizar en tiradas de al menos cinco ejemplares. Estas personalizaciones pueden ser de todo tipo: añadir notas de clase para uso de un grupo de estudiantes, introducir logos corporativos para uso con fines de marketing empresarial, etc. etc.

2. Buscamos libros descatalogados de otras editoriales y los reeditamos en tiradas cortas a petición de un cliente.

www.ingramcontent.com/pod-product-compliance
Lightning Source LLC
Chambersburg PA
CBHW022125040426
42450CB00006B/853